nF410730

HÉROES PERDIDOS EN UNA CIUDAD TRANSPARENTE

**Poemas y algunos Relatos
Por Norberto Azor**

HÉROES PERDIDOS EN UNA CIUDAD TRANSPARENTE

Poemas y algunos Relatos
Por Norberto Azor

ÍNDICE

Prólogo por el *poeta Luis Mariano García Sánchez*

Agradecimientos

3. Friático
4. Capitalismo confinado
5. Suplicios de cuarentena
6. El poder de vivir
7. Aterrizó un virus

SERIE: ALEGRÍA DE LA VIDA (SONETOS)
1. A punto de cumplir 40
2. Un hetero "asfixiao" de mí
3. Tengo el cuerpo casi diez
4. Sea feliz y joda menos

SERIE: ALGUNOS RELATOS
1. Tres en uno
2. La piñata
3. Vuelo UX-088
4. Menstruación
5. Desesperado amor
6. Insistencia
7. Libre de culpa
8. Ser alguien
9. Bocata
10. La oficina
11. Ella y la abuela

PRÓLOGO

Yo estaba asomado al balcón sobre la calle, como le pasa a los testigos de un acontecimiento que rompe la monotonía del barrio y se comenta después durante semanas. Cuando Norberto irrumpió en la ciudad. Lo hizo como un hijo que regresa al lugar del que partió hace tiempo. Nunca como extranjero. Esta ciudad que él ha tenido que adaptar y reamueblar para que dejara de ser la ciudad provinciana y manchega que es y sirviese como un sucedáneo de útero para poeta, que sirviese como un cálido mango comido por orugas, que le recordase tan solo esa pléyade de colores aplicados con brocha gorda y erizada de chichiguas que es Santo Domingo.

Como uno más de sus habitantes y a lo largo de los años ha soñado y trabajado a partes iguales, ha dado y tomado a partes iguales, ha amado y odiado a partes iguales.

Y de esa manera ha logrado ser un superhéroe con poderes especiales. Ha logrado la gracia de hacer transparentes las fachadas, atravesar con su vista las masas de edificios como si fuesen de cristal y descubrir esos héroes anónimos que perdidos se esconden en sus calles. Héroes por supervivientes, compañeros y compañeras de la cotidiana epidemia del miedo a ser, a sentir.

Norberto es como su poesía, una inmediata respuesta a la pregunta, una rápida salida a la emboscada, un abrir los ojos aunque pique. Genuino, desmesurado y dulce, como la lechosa.

Esta colección, como la de un entomólogo, son las capturas de esos días, la narración de un tiempo, lo que ha ido cayendo en la red del cazamariposas. Es decir, es una crónica auténtica de su vivir.

Tiene ecos de nostalgia, disparates de loca, quebranto de amante, solidaridad de ciudadano consciente, sazón, mucho sazón. Que no le falte a Madrid su chin de picante y agrio.

Yo, asomado al balcón sobre la calle, como un héroe perdido más, he recibido el cálido abrazo que rompe la distancia social y el beso textil de las mascarillas. He sido visto más que testigo. He sido dulcemente capturado en la red del cazamariposas de este poeta.

Madrid, 20 de julio de 2020
Luis Mariano García Sánchez

Norberto Azor

AGRADECIMIENTOS

A mi Madre PEGGY, por la alegría, la fortaleza y el amor que me has dado desde el inicio de mi existencia. *Te amo Madre*. Gracias por existir.

A mi Hermano DJ SAZÓN, esta obra va dedicada a ti. Sé que desde el cielo vigilas para que sigamos construyendo tu obra.

A Ediciones Gárgola, especialmente a Roberto García, pilar fundamental en la mayoría de las ediciones de mis libros. Gracias por el apoyo y los consejos.

A mi hermano VALENTIN AMARO, gracias por todo el apoyo brindado en la edición de este libro.

A mi estimada MARY DUVAL, por el todo el apoyo brindado como escritor y por la calidad humana que te caracteriza.

A NotaMusical.fr, en especial a mi amigo **Alexander Bellance** por colaborar en la construcción de esa identidad cultural, a pesar de la distancia.

A mi hermano LUIS MARIANO GARCIA. Un gran amigo, consejero y siempre atento a mis escritos.

A Luis Amaury Rodríguez por las correcciones de estilo. Gracias por el tiempo dedicado.

A todos mis amigos/as y lectores/as, gracias por el apoyo brindado.

SERIES
Esencias

Norberto Azor

1. LIBERTAD
(Poema)

En mi mundo,
buceábamos en mares insondables,
nunca dije que era extraño,
solo distinto;
tomaba el sol desde mi barca
deseando volar lejos con el viento.

No disfracé la existencia
fatigado de esta sociedad hipócrita
que habla de libertad,
pero te amarra con cadenas durante
siglos.

Estoy condenado al fuego eterno,
las cavernas eran mis espacios
habituales,
hoy la tarde está lluviosa
y mañana respiro libertad.

¿A quién culpar?

2. A TI POEMA
(Poema)

Pasajes del pasado escritos en
ternura,
vivencias del hoy,
solo pensar en nuestras vidas
en nuestro amor insoslayable.

Sosegado,
contiguo a la vela encendida,
explorando el entorno,
te encuentro,
me pierdo en tus brazos,
aunque esté llorando mi error,
me siento vivo.

Sumergido en tus versos,
recojo trozos de sufrimiento,
ahogo las penas en el fondo del
abismo.

Quiero dormir en tu redil,
me siento solo,
mi corazón tiembla
la voz se quiebra.

De repente,
floreces para salvarme de la
oscuridad
bailando aquel tango de Gardel
hacemos el amor bajo la luna
para seguir escribiendo poemas.

3. SIN PALABRAS
(Poema)

¿Por qué desapareciste?

Arcas vacías sin premio
ilusión perdida por el arraigo del
amor en verano
espíritu salido de las entrañas del
infierno.

¿Quién eres tú?
ángel o demonio
virus o pandemia
bendición envuelta en un dulce
amargo
deliciosa fruta de temporada
accidente casual por el relámpago
del destino.

Un día de amor
que te entregué
al día siguiente te perdí,
respiré lentamente
y vomité todo el oxígeno
maldita costumbre que obligaba a
esperarte hasta el fin.

Dolió tu indiferencia
la luna se quedó muda
permanece aquellos segundos
eternos
de un amor sin respuesta a cambio.

No lo dudé
te amé
te perdí
se lo dije a mis sueños
me refugié en la tristeza
sembré flores en el jardín
las corté
se marchitaron
esas mismas flores te suplicaron un
te quiero
murieron en el jarrón chino pintado
de negro
cogí el vuelo hacia el mismo destino
y mi suplicio se acabó.

4. UN RECUERDO
(Poema)

Un café amargo en la plaza Colón
una desilusión prorrogada con el
tiempo
un vaso de cristal roto en pedazos
colores penetrantes cargados de
recuerdos por olvidar
promesas quebrantadas
ni la fecha de nuestro aniversario
logramos impedir
un fuego que recorre por las venas
una pasión hueca,
un frío amargo que me abraza
los sentimientos mueren con las
canciones y el poema,
el tiempo suspira tu partida
el odio que apunta a la aurora
y en el umbral de mis fracasos te
recuerdo,
cuando reíamos cerca de la tv
juntos,
uno al lado de otro,
no puedo esconder que te extraño.

El amor agoniza.

5. POR UN BESO
(Poema)

Mis ciclos de vida delatan
aventuras,
un historial a veces trágico;
un juego perdido,
sin entender nunca cómo besarte…

Y perdí.

Yo sin ti, tu sin mí,
la lluvia ríe de mis intenciones,
hasta el infierno es un paraíso
al no tenerte.

El rencor es mi aliado,
reconozco la culpa de estas ganas,
la debilidad de ahogarme en tus
besos,
aunque conservo la esperanza de
encontrarte.

¿Y tú?

6. DESEO
(Poema)

Droga nocturna,
pecado original del génesis,
un juzgado sentencia tu amor
artificial.

Tengo que tranquilizarme
la desesperación me agobia,
una pastilla, dos pastillas,
resisto los pasos hacia la calma
a la espera de tu condena.

Que vuele este poema,
que el pueblo opine,
que los enamorados se encuentren,
y yo,
redima el éxtasis de la felicidad,

Mi orgullo se derrite en tu fuego.
estoy perdido,
me ahogo en este abismo,
pero tu amor toca a la puerta,
me salva,
al fin soy libre.

7. *ELUCUBRACIONES*
(Poema)

Perecederos espacios sin
manantiales azules,
olvidos absolutos llenos de lunas
desesperadas,
un velorio sin almas,
un aislamiento apegado a la
soledad,
una condena sin pruebas.

Monstruos del ayer,
miedos oscuros,
lluvia maldita,
poetas rezagados ante la musa,
este delirio no tiene alivio ni fin,
solo decir adiós.

8. CONVICCIÓN

(Poema)

Detengo el tiempo
sin olvidar la vivencia del alba,
un amor apacible que acaricia el
ocaso.

No hace falta aparentar,
solo que existas,
y vivas en mi recuerdo.

SERIES
REALIDADES

Norberto Azor

1. UN VUELO HACIA LA ETERNIDAD
(Homenaje a DJ SAZÓN)
(Poema)

Un mar de lágrimas inunda el
corazón de las amapolas
el viento sopla el otoño desgarrado
no tiene fuerzas para avanzar
pero sigue en pie
en un pedestal
a punto de caer en ese abismo
oscuro.

Aguantando todas las angustias
de tu partida
ya no hay alegría
ya la música no suena
se han dormido todos los diales
la salsa está de luto
el ritmo apagado
el silencio reina en los umbrales del
espacio.

Se fue el amigo, el compañero
el dj, el locutor, el padre.

Norberto Azor

Un dolor invade al mundo,
a la familia,
a los bailadores
ya los ruiseñores no cantan en la
madrugada.

El terreno está baldío
las esperanzas están rotas
el mundo gira en contra
se consuela con la luna por tu
ausencia.

Nunca cambiaste tu sencillez
tus palabras siempre directas,
llenas de gracia,
cargadas de esperanza, de vida, de
fortaleza.

No es un adiós
nos encontraremos en cada silencio
de la música
en cada paso de baile
en cada sonrisa de un niño.

Vuela amigo
que nadie corte tus alas
emprendes otra aventura.

Un ángel de luz,
protector de la música dominicana
vuela amigo,
sigue volando muy alto.

2. DON DINERO
(Poema)

Desde Júpiter hasta Saturno
creas, destruyes, inventas,
manipulas,
desde siempre.

Amas sin rencor,
lluvias de hipocresía
que entonan himnos surrealistas.

En el redil juegan izquierdas y
derechas
curas y monjas,
obreros y amos,
esclavos y dueños.

Omnipotente tu esencia,
disfrutas con la arbitrariedad,
forjas el amor entre la oveja y el
lobo,
guerras entre enemigos,
batallas entre amigos.

Todos te rinden tributo,
el cojo se levanta,
el ciego ve,
el amanecer se hace sordo a tu
llamado.

La campesina lleva una canasta de
flores
coreando al compás de las
mariposas,
te encolerizas,
por no maniobrar su recorrido.

Mientes en cada felicidad efímera
tus súbditos caminan hacia el
barranco
en su sangre tatúas el sello de la
obediencia y el fanatismo,
son dioses sin reino.

¿Y tú?
Aún permaneces a la sombra de lo
infinito.

3. *MALETAS VACÍAS*
(Poema)

Unas maletas vacías,
un viaje incierto,
ilusiones irrisorias,
sujetos que venden tesoros,
recuerdos que cuelgan al lado del
bolso negro,
donde la agonía y la ansiedad
arrastran cada segundo.

Un desierto sin oasis
abrumados por hienas al acecho de
cortar el hilo de la vida
donde el recorrido se hace con el
estómago hueco,
y las noches se convierten en tu
consejera.

Un mesías en algún lugar,
te entrega una porción del trabajo
que posee,
y él de la acera de al lado, te
condena,
aún cuando los días esperan el
regreso.

Las maletas vacías,
solo llevaban aire comprimido
con ganas de gritar por libertad.

¿Dónde quedaron los sueños?

Aquí estoy con las maletas vacías.

4. MARICÓN DEL DIABLO
(Poema)

¿Por qué llora la mañana sin
abrazar la lluvia?
¿Por qué grita al viento su
ansiedad?
¿Por qué la flor no sonríe en
primavera?

Poderoso,
expulsas miserias del pantano
voces desastrosas,
fruto de inseguridades e
indiferencias
de ideologías absurdas.

Ellos no escuchan las coplas,
ni la belleza de un atardecer
con el sol en el infinito.

Directo contra los supuestos
contrarios
hostigan con armas letales,
con normas impuestas por
fanáticos,
su dictadura moral, irracional y
errática,

que se alimentan con el caos
y concibieron en sus vidas el
infierno.

Mi corazón los comprende
bajo su manto de miseria,
y los perseguirá para siempre.

Norberto Azor

SERIES

"UN VIRUS HA VENIDO A MI RESCATE"

Norberto Azor

1. UNA LUZ AL FINAL DEL TÚNEL

(Poema)

En el desierto,
nacen tulipanes resistentes al sol,
lucen sus botones negros
que al fin vieron la aurora,
con lágrimas en cada una de sus
hojas.

El sufrimiento se hace alegría,
el fuego, cenizas,
el hierro, girasol,
las lluvias leves en huracán,
el agua en vino,
la ansiedad en catarsis de
optimismo
el pueblo entona cánticos de
grandeza.

Mientras compro el pan,
abrazo a la vecina del segundo,
sonrío al cartero en la mañana,
bailo el merengue del negrito de
Villa,
canto al horizonte para despedir el
velorio.

2. ENSEÑANZAS
(Poema)

Aprendí con las penas a hacer un
collar de perlas
del huracán un viento leve
del confinamiento un mar de
libertad
del recuerdo un poema
de las letras un cuento de Borges
de un suspiro el poder de controlar
el mundo.

3. *FRIÁTICO*
(Poema)

El fuego arde,
el agua se desvanece a su poderío,
un colapso de emociones me invade.

Un viento impávido,
abraza a la única amapola viviente
del desierto,
un espacio de luz sombrío,
un sentimiento inerte,
una puerta del infierno abierta a los
encantos,
unos seres aduladores,
un encierro cruel.

4. CAPITALISMO CONFINADO
(Poema)

¡Ha muerto el capitalismo!
Sus cenizas corren por las murallas
chinas,
un virus diminuto encabeza la
marcha nupcial hacia el abismo,
con todos sus secuaces,
miedo, dolor, invade el océano.

¡Ha muerto el capitalismo!
Dinero, dinero, dinero,
una torre de cristal en la ansiedad,
días encerrados sin ver la aurora,
semanas creando la existencia,
el lápiz huye de la musa
la música carece de ritmos y
partituras.

¡Ha muerto el capitalismo!
Resuena el tambor
Atolondrado, jodido,
realidad inexistente.
una vez se llamó paraíso,

ahora estoy a las puertas del
infierno
un virus ganó esta batalla.

¡Ha muerto el capitalismo!
¿Dónde será el destino?
¡En mí, tu corazón ha muerto!

5. *SUPLICIOS DE CUARENTENA*

(Poema)

Dolor inmune
me disipa la piel
desentraña mi cerebro
lloré durante la cuarentena
para sentir tu presencia.

Golpeo en la pared
aplico fórmulas sin sentido
individualismos,
kamikazes de tanto danzar a las
frivolidades de la vida
me olvidé de un abrazo,
de un beso,
de conversar el nacimiento de la
rosa
de un café en la plaza del inglés.

Estaba en la oscuridad
la soledad era mi consorte,
un virus ha venido a mi rescate.
!

6. EL PODER DE VIVIR
(Poema)

A pesar de las turbulencias
agravios, problemas, penas,
incertidumbres, muertes…

Sigo vivo
con ganas de agarrar al toro por los
cuernos,
levantarme por la mañana y
agradecer,
gritar al mundo que la libertad es mi
amiga,
mojar el desierto de este corazón,
escribir mis esquelas en cada trozo
de papel.

Sigo vivo
no debo extrañarme ante la
perplejidad,
ni del bosque paralizado ante la
tormenta,
ni el silencio de heroicas terapias,
ni la falsedad de ideologías sin
fundamento,
ni la pasividad de civilización ante
las muertes,

ni al escándalo del ruido de la
noche,
ni a la coprofilia de tu mente.

Sigo vivo, confinado y feliz.

7. ATERRIZÓ UN VIRUS
(Poema)

A las 8:00 de la mañana,
bebo la vida en cada sorbo de café,
con sus mieles, desechos,
ambigüedades, contradicciones.

El tiempo no detiene al necio
confiado en raíces frágiles,
como el ranchito de palma
devorado por la voracidad del
huracán.

Ante la vacuidad de la vida,
aterrizó un virus sin procedencia ni
origen,
invisible a los ojos,
potente, inmortal.

No distingue clase ni posición social,
el tiempo no existe,
nos golpea a nuestra realidad
fingida
entre lo falso y lo vano,
lo verosímil y lo doloroso.

Son las 8 de la noche
me tomo el último sorbo,
la prostituta se acerca a la iglesia,
y yo,
aplaudo el valor de la vida,
que acerca mi mundo a otros
mundos.

Y sonreímos.

SERIES:
Sonetos

(ALEGRÍA DE LA VIDA)

Norberto Azor

1. A PUNTO DE CUMPLIR
LOS 40
(Poema)

Con los cuarenta el mundo es diferente,
Troya arde y el perro sigue el juguete
la sociedad te pregunta si pegaste el fuete
ahora le das vuelta a tu mente.

Espero que el número no cuente,
!coño, eres un tolete!
Haz una canción en la topete,
y olvídate de la gente.

Celebra con orgullo esas arrugas
tómate cervezas, vinos y tragos,
dale banda y vete a la fuga.

Date el baño en el mar o el lago
una buena comida con plátano y pechuga.
celebra la vida y no seas un vago.

2. UN HETERO "ASFIXIAO" DE MÍ

(Poema)

Lo decía el oráculo y sabía ocurrir,
un "hetero" que iba conocer,
ando un poco liado y lo quiere hacer,
tiene curiosidad, pero sin sufrir.

Un trago de tequila para no morir,
y parecía que fue ayer
que andaba con su mujer,
lo hace tan bien esas ganas de fingir.

Es que lo leo y no lo creo,
los *wasaps* y *messenger* y demás
siempre he sido su trofeo.

Lo haré sufrir y muchas cosas más,
pero que en el orgullo aproveche su zorreo,
que, a mí, nadie me rompe mis esquemas.

3. TENGO EL CUERPO CASI DIEZ

(Poema)

No tengo el cuerpo cañón,
no tengo la vida de lujos ni soy famoso,
solo soy un tío meticuloso,
que quiere vivir la vida como un bombón.

Comer de "tó" mola mogollón,
pero en el sentido provechoso
haciendo ejercicios soy glorioso
y no quiero ser el "barrigón".

Es difícil aceptarte como eres,
multiplicas tus talentos
y tendrás muchos placeres…

¡Oye! Tienes muchos cimientos
haz siempre lo que consideres,
y no seas tu propio agotamiento.

4. SEA FELIZ Y JODA MENOS
(Poema)

La vida es una, temporal y pasajera
¿Por qué meterse en la vida de los demás?
 No te enredes entre palmeras,
¡joder, toma tiempo y escribes poemas!

Disfrutas cada segundo y deja la peleadera
corres en el campo con tu diadema,
si estás jodido cambia de acera,
y juégate con el sistema.

Sea feliz y joda menos,
da igual si eres joven o viejo
en el grupo no seas el veneno.

Si eres así, te conviertes en un tipejo,
En la vida hay que estar sereno,
Por eso insisto, sea feliz y no seas pendejo.

SERIES: ALGUNOS RELATOS

Norberto Azor

1. TRES EN UNO
(Relato)

Aquella tarde en el polideportivo, jugaba espléndidamente, Mónica, la piedra angular del equipo. Era el penúltimo partido de la temporada y se disputaba cerca de la plaza comercial donde ella y sus amigas acudían los fines de semana a comprar lencerías y perfumes.

Su profesionalidad era única e incuestionable.

Remataba los balones como si ocultara la rabia que sentía por la vida, con una fuerza impresionante en el brazo derecho, cuando se elevaba sobre la red, sus oponentes se intimidaban.

Mónica y sus amigas, además de equipo, eran amigas del colegio. Desde pequeñas compartían todo: jugar en los columpios, a la conga, al trúcamelo, salir a por helados, incluso con chicos rubios, altos y de ojos azules que eran los preferidos de ella, por lo general de familias adineradas. El padre de ella, era dueño de los Hoteles Prince, con seis sucursales en diferentes partes del país.

Según el calendario, las PowerGirls jugaban este fin de semana en el polideportivo de Alcobendas. Mónica llegó al vestuario, se puso la licra, la camiseta con el número siete, zapatillas Reebok y los calcetines hasta las rodillas, junto con las rodilleras que hacían juego con el logo del equipo. Salió al área de juego para demostrar todo lo aprendido durante años, y en algunos veranos en las playas de Ibiza.

—Dame el balón, que la voy a quitar- le pidió a Cristina.

Su equipo avanzaba en puntos, Cristina jugaba la posición cuatro, de rematadora principal, mientras que Mónica la tres; el entrenador las colocaba una cerca de la otra, ya que la relación entre ambas producía estrategias adecuadas y resultados efectivos.

-Ahí va, quítala, ese punto tiene que ser nuestro.

 Justo en el momento del remate, Cristina sintió un olor como el azufre del infierno o peor y quedó muda, nerviosa, mareada, callada, sin saber que decir, a quién culpar, ¿de dónde venía aquel hedor que inundaba el área de juego?, se quedó mirando al resto del equipo intentando encontrar al culpable o encontrar una pista del origen, pero nada...

Le correspondía el saque, así que asumió la posición para el servicio y miraba bajo sus axilas para descartar que fuera ella misma el origen. El árbitro dio la señal, y el balón quedó en la red.
—Estoy mareada

—¿Quieres un poco de agua? –dijo la entrenadora

—Sí

Considerando aquella baja en el equipo, se pidió un tiempo fuera para que el Cristina tomara agua, lo que ella aprovechó para acercarse a Mónica e intentar contarle lo que sucedía, pero la notó distinta, alejada, algo extraña y poco conversadora, por lo que al sonar el silbato para restablecer el juego prefirió no decirle nada.

—Coño, ¿quién diablo es? —gritó la entrenadora tapándose la nariz con el dedo índice de su mano derecha.

—¿Qué ocurre?- preguntó el árbitro. -Hay alguien del equipo que tiene un no sé qué que nos está afectando a todos.

El público se levantó, algunos comentaron, otros reían, el resto quedaron boquiabiertos, y Mónica siguió en la esquina viendo todo.

-Receso de diez minutos – dijo el árbitro a ambos equipos para resolvieran aquel asunto. Nunca había ocurrido algo así en un partido de voleibol.

—Esa salió de los infiernos —gritó un fanático.

—Que se lave bien con jabón de cuaba —dijo otro.

A la entrenadora no le quedó otro remedio que poner en fila al equipo y comprobar a cada una para saber de dónde salía aquel olor del diablo.

—A ver entrando una por una... No eres tú... Tú tampoco-...

Hasta que llegó el turno a Mónica, la entrenadora cabreada de tanta vergüenza, solo pudo preguntar:

—¿Y esto qué es? ¿Por qué no dijiste nada?

—Nunca me había pasado esto, no sé qué decir –trató de justificarse, pero solo encontró el dedo de la entrenadora indicándole la ducha a ver si lograba poner fin a esa vergüenza.

En la cancha se escuchó el silbato del árbitro. Todas la jugadoras entraron... con una diferencia de tres puntos, las PowerGirls perdieron el partido, y Mónica aún contaba en la ducha tres pastillas de jabón.

2. LA PIÑATA
(Relato)

—Atrápala, atrápala- gritaban los invitados. Sul daba palos, palos y más palos a la piñata con forma de burro, un regalo de la pandilla del instituto en homenaje a su amigo.

Era un joven intrépido (tíguere); sabía salir de cualquier situación sin ayuda de los compis. Los profesores lo adoraban, tenía ese no sé qué, que lo hacía inmune. Movía todo, pero jamás dejaba huellas de sus actos, ´papaúpa de la matica´.

No completó el bachillerato, su agenda estaba llena de "cosas" como las llamaba. Pelo rizado, cuerpo de atleta, y ojos verde como el campo en los tiempos de lluvia; se marcaba noches de juerga en las discotecas; con su lenguaje soez hacía gala de sus dotes estratégicos para ligar.

—Agarra el palo bien, le tienes que dar en el punto exacto -decía su madre. Aquella señora con gafas, que trabajaba horas nocturnas en los hospitales de limpiadora y por las mañanas en el servicio doméstico en varias casas. En los festivos siempre se apuntaba en el listado para trabajar, el comentario habitual en los pasillos era que no tenía marido ni familia. No conocía qué era un cine o cotilleo en la peluquería con las amigas.

—Dale ahí mismo- gritaba la hermana mayor.

-Pégale como un hombre, así mostrarás respeto- repetía el padre.

Golpeando la piñata, los chicos se peleaban por los dulces, excepto la familia Jiménez, con tantos palos que le daba la vida.

3. VUELO UX-088
(Relato)

Ya quieres cruzar los mares, no aguantas más esta situación que te arropa en tu país. Sin trabajo, expulsado de la casa de tu madre, las mismas ropas, zapatillas que ya no aguanta otra reparación, tu ex novia con su frase favorita: buscándotela como un burro.

Reunión aquí, reunión allá con salvadores de tu destino. Cada proceso en los consulados es más complicado que ir en un cohete a la luna antes de que te concedan una visa, porque no puedes hipotecar, no tienes coche, ni cuentas bancarias, absolutamente nada que te respalde, solo eres un pobre diablo.

Tanto de día como de noche estás en todas partes: colmadones, playas, ríos, bares, velorio, rezos, cumpleaños... Disfrutas más que nadie. Tu popularidad no tiene límites. Todas las chicas te desean, incluso compran tus bebidas, aun cuando exiges las más caras.

Toda esa aventura tiene frutos: Mayte de 6 años y Wilkin de 5, pero según tú, son responsabilidad de cada madre, nunca ha visto una pensión de tu parte porque dices que no puedes darles nada.

El 23 de abril llega la carta para poner huellas. Ni te lo crees, por fin Balbú te acordaste de mí. No escatimas tiempo, te pones lo primero que encuentras para el examen con el funcionario. ¿Qué vas hacer a España? ¿Qué familiares tienes allá? ¿Por qué quieres ir? Más de veinte preguntas que no supiste cómo ni qué contestar; pero el visado estaba aprobado apena sin que te dieras cuenta.

Se montó una gran celebración de despedida: mataron el chivo enviado por tu tía, los racimos de yucas que te regaló el primo de su cosecha la semana pasada y las cervezas donadas por tu ex.

Al día siguiente después del café, despedir a los hijos desde la puerta (ninguna dejó que los tocara) y darle el beso a tu madre, te dejó estupefacto y no podías controlar las lágrimas. Tu primo agarra el coche, con una sola maleta, no necesitabas más, y camino al aeropuerto.

Entraste a migración, se veía la sonrisa en tu cara. Lo llevabas claro. Llovía a cántaros. El vuelo sale a las 8:15 de la tarde. Duermes plácidamente en el avión, no quieres conversar con tu compañero de asiento, no comes ningún bocado, no quieres nada en general. Eso sí una botella de agua para el calor y la dieta que empezaste desde hace cuatro días.

Muy relajado, piensas en las zapatillas de Michael Jordán, en el BMW, en un sinnúmero de cosas que harán tu vida más feliz y más cómoda; recuerdo cuando me dijiste: "loco voy a buscar lo mío".

Has llegado a tu destino. Detrás de ti: Miguel y José. ¿Sabes quiénes son? Listos para salir del avión caminas a la zona del desembarque.

Todos los pasajeros haciendo la fila y la policía te pide la documentación. Te apartan del resto y te conducen a la oficina.

Cuatro kilos de la más pura pero cómo lo descubrieron si en RD no la detectaron.

Anoche me encontré en el bar a tus amigos y te mandan saludos.

4. MENSTRUACIÓN
(Relato)

–Están corriendo ríos de sangre –su voz suena alterada e irascible, se siente incómoda– hoy me vuelco loca.

–¿Quieres ir al médico? –dice su madre intentando bajar la tensión.

–Otra vez, otra vez volvió la hija de puta, otra vez

–Ven, cariño, es algo natural, no te vas a morir, es un proceso bello, hermoso y digno –dice su esposo desde la cocina con una sonrisa fría –estás en capacidad para procrear, se limpia tu cuerpo.

–Cállate, desgraciado, sabrás tú qué es eso. Grita e intenta darle un bofetada que él la esquiva –en estos días no soy yo, viene un espíritu que no sé de qué planeta y me posee, me penetra, habita en mí, me pierdo, me encuentro, salgo, voy, hablo, no hablo, como, dejo de comer y tú dando el coñazo… vete a casa de tu madre.

–Dormiré en la habitación de al lado- dice el marido, mientras la observa ansiosa y ella se toma el medicamento, se levanta, se acuesta y se duerme.

Dios sabe cómo hace a sus hijos, esto yo no lo soportaría por nada en el mundo- dice el esposo que inmediatamente enciende la tv.

5. DESESPERADO AMOR
(Relato)

-Chonil se buscó un novio, me siento jodido e iracundo- son las palabras de Toni al otro lado del teléfono.

–Lo está conociendo y están juntos, además pasa de mí y se olvida de mí– dice subiendo el tono. –Aunque no esté con ella, la quiero y estando con Susi, pienso en ella-, sigue hablando.

Toma el vaso con agua y se pega un sorbo grande, reúne fuerzas para seguir con la conversación. Yo en cambio pongo el móvil en modo manos libres para disfrutar del mango de baní mientras sigo escuchándolo.

–Pero, Susi, me ama, está "afixia" de mí, no la dejo, porque no quiero hacerle daño, pero aprenderé a quererla e intentar olvidar a esa morena de ojos grandes, porque ha hecho el daño que me ha hecho, estoy mal, tío– se sienta, mira a su alrededor y bebe otro vaso con agua.

–No, no, voy a pedirle tiempo a Susi, estoy mal, sin Chonil, pero la tendré que ver con otros ojos, pero sé que la perdí, a Susi se lo oculto, pero Chonil es mi amor, la amo, daría lo que fuera para estar con ella-.

Se detiene y piensa en su madre cuando le dijo que tenía que aprender a olvidarla porque Susi es una buena chica, trabajadora, con una carrera universitaria y trabajo propio. Necesita otro vaso más.

–Lo intentaré, lo intentaré, hacerlo es la cuestión, la vi ayer, hubiésemos cumplido cuatro años y sabes lo que me dijo: que lo nuestro ha terminado, que tenía novio y yo quedaría en segundo plano.

Lo escucho golpear en la mesa y a Susi que se despierta, y va a su encuentro a darle un beso.

6. INSISTENCIA
(Relato)

Arturo se levantó temprano, bebió el café con leche y comió un cruasán, agarró la bufanda e inmediatamente cerró la puerta con llavín, mera protección después de varios intentos de robo en meses anteriores.

La temperatura en Madrid estaba en cinco grados, los pies le temblaban como el tic tac de un reloj; llevaba en todo su cuerpo treinta kilos de ropa: camiseta, camisa, jersey, jaquet, bufanda, bragas, pantalones... Subió al autobús y dio los buenos días para saludar al chofer que mostraba una cara maltratada por el cansancio.

Las calles estaban desiertas, todo era oscuro; las personas caminaban de un sitio a otro, sin rumbo fijo, la sensación de una luz que vino del cielo, penetró en cada ciudadano y los había convertido en zombies, los que iban al trabajo, los que amanecieron en las calles, los que volvían del "after".

El chofer le sonrió, una actitud anormal entre su colectivo. Pero, tenía una explicación lógica e interesante, la señora morena, delgada, de pequeña estatura sentada detrás de él, hablaba intensamente por el móvil contándole que había follado la noche anterior con dos negros, un mes después que su marido la había dejado, y aquello tenían que celebrarlo por todo lo alto.

En el último asiento del autobús, Arturo no dejó de pensar en sus cosas, en cómo resolver hasta el botón de la última camisa. Perdido en sus pensamientos escuchó la voz del chofer avisándole que era la última parada. Descendió del autobús dirigiéndose a la calle Bravo Murillo número 222, decidido a llegar al banco a buscar un financiamiento para sus próximas vacaciones al Caribe, tomando en cuenta que República Dominicana y Brasil eran sus destinos favoritos.

-Buenos días- susurró al abrir la puerta, desganado y aturdido, quería ir corriendo al baño cuando escuchó la voz de la comercial.

-Sí, ¿dígame su empresa? ¿Le pasa algo joven?- insistió

–Vengo de la compañía Paro S.A, pero me gustaría ir al baño- respondió con el corazón en la mano, ya casi sin contener la respiración.
–Está al fondo a la derecha y después llene esto.

El viacrucis sanitario había iniciado con el formulario de la prueba médica, que está ubicado en el número 225, al frente del banco para iniciar todo el preparativo.

-Lo hice y no me arrepiento - aunque le tenía miedo a las

jeringuillas, en ocasiones anteriores una lágrima recorre la mejilla.

-Sígame joven- escuchó las palabras de la enfermera.

Continuó su revisión, prueba de peso, visión, del oído, orina, firma del consentimiento.

-Es un supuesto acuerdo entre la empresa y firmante donde se revela los problemas que padece y que los resultados son confidenciales. La clínica se compromete a no revelarlo a la empresa

Ahora solo quedaban las preguntas del médico sobre su historial clínico.

-¿Fumas, bebes?

– No, a veces para compartir con los colegas -dijo con ironía.
Volvió al baño a lanzar la última gota amarillenta y revuelta de su cuerpo, estaba ansioso por la

posibilidad de no aprobar los exámenes.

Después de varias horas esperando en el cuarto junto a una cafetera. Llevaba 3 cafés y cuatro cigarrillos, trajeron la respuesta.

-Lo sentimos no aplica a la financiación, pero sí a un crédito menor- dijo comercial en tono normal incluso con delicadeza.

-Gracias –dijo.

Se marchó cerrando la puerta con fuerza, escupió, maldijo al banco, a su creador, a la madre del creador, a los empleados, a todos sus familiares....

-Mañana otro es día... me preparo para el City Bank.

Se dijo conforme y anotó que con esta última visita, ya eran seis los bancos que había visitado.

7. LIBRE DE CULPA
(Relato)

El mundo gira y la humanidad realiza sus acciones para adaptarse a este mundo. Pero, si las acciones "buenas" que permite la sociedad son atribuidas directamente a la gracia de Dios. ¿Y las malas? Estas acciones son influenciadas directamente por el demonio. Ahora la cuestión básica del ser humano: ¿Cuándo es responsable de sus actos? ¿De jugar con la realidad? ¿Presumir de sus bienes y de lo que no tiene? ¿Dónde está su razón? ¿Por dónde anda la lógica? ¿Quién domina la mente y corazón?

Eran las conclusiones a las que llegó Teo, al ver su amigo en el culto de los domingos con la biblia bajo el brazo. Ojalá no verlo de nuevo en la cárcel. Lleva ocho días fuera. Se había convertido en todo un pastor.

8. SER ALGUIEN
(Relato)

Escapaste de tu tierra con sueños, fracasos, angustias, decepciones y todo el peso que conlleva el tiempo desde el nacimiento hasta los cuarenta años que te acompañaran en busca de "un sueño". Una utopía.

Te vi hace años. Con tu carro rojo del 2019, alquilado en esa "Rent a Car", aunque te costó una fortuna, para ti nada significativo.

Parqueaste en la esquina, la misma donde hace 20 años limpiaste zapatos. Con zapatillas Nike, hiciste la entrada triunfal a este nuevo ciclo de vida.

Y en la entrada del Colmado Bomba, dijiste: "De lo mío personal... par de frías pa tó el mundo"; con esa cara de alegría de que la vida te iba bien.

Sin embargo para el "flaco" y la "china" tus amigos de toda la vida, pediste whisky etiqueta negra, el más caro que tenía Pepe. Un ambiente festivo, en el que la "china" decía que era su navidad, se sentía en el paraíso; pero tú solo observabas a cada uno de los movimientos de los presentes, con silencio impávido que parecía jugar con el tiempo buscándole respuestas a la vida.

Comenzaste abrir los regalos. Y el flaco dijo que había llegado Santa Claus, y pidió lo suyo, una camiseta de Rebook, y te agradeció con reclamos de que por qué no se la dabas en efectivo y te quedaste con cara de cabreado.

En la esquina del colmado, en un espacio pequeño con cara de pánico y siniestra, miraba tu primo Techo, terminando la secundaria en la Escuela Nocturna Isabel Peña. Los celos se apoderaban de él, pensando en tus bienes: un chalet en la playa, tres coches del año, dos apartamentos en la ciudad, a pesar de que tú no llegaste a terminar la secundaria porque los profesores dijeron que eras un caso perdido. ¿Y él? ¿Quién era él?, el más listo de la clase, notas sobresalientes y notables cuando estudiaba por la noche con un lámpara de gas y en algunas ocasiones con velas. Sus ojos hablaban por sí solos, aún con el propósito de estudiar para algo en la vida, porque comía a veces, realizaba todo tipo de tareas y deberes, compras, limpiar patios, sacar el perro, cualquier cosa a cambio de un dinerito o algo para comer.

En su graduación de bachillerato, todos estaban presentes menos tú, ya habías definido tu destino. Entró a la Universidad durante cuatro años de sacrificio, esfuerzo, pisotones, entre otras muchas vicisitudes. Por eso aquella noche del 13 de marzo fue inolvidable. Hoy su hijo tiene 5 años. Consiguió la beca del gobierno para estudiar un Máster en el exterior.

El primer año estudiando a muerte, el segundo soportando los rechazos de algunos grupos que se creían razas únicas, y el tercer año, sí, ese decidió volver a su país para poner en prácticas los conocimientos del primer mundo.

Hoy, Techo te ha visto en el puesto de venta de jugos frente a la universidad, pero solo pasó de largo con cara de felicidad mientras él iba a una conferencia de prensa, deseando que te fuera bien en el negocio.

9. BOCATA
(Relato)

Disfrutabas de cada mordisco del pan con chorizo dentro del tercer vagón de la ruta de metro con destino a Valdeacederas.

Aquel lunes lluvioso en la tarde, los de la tele dijeron que era un día soleado, pero como siempre se equivocaron, como otras veces con los datos de la economía. Todos en el metro empapados ante la inesperada lluvia que ya llevaba tres horas, sin interrupción, ni siquiera un rayo para darle un cambio al ambiente.

En cada bocado de pan se iba cada esperanza de vida. La nevera era más un adorno en la cocina que su propio fin, adornadas con dibujos de Bob esponja; la situación es terrible: tu jefe te ha despedido desde hace un mes; tu madre se muere en el hospital debido a un accidente de tránsito; ayer en la noche entre las personas que fueron a ver el partido de fútbol, alguien se llevó tu cartera y por último el morado que tienes en la pierna derecha gracias al resbalón del baño.

Tu estado de vida actual no era muy agradable, te estaba llevando el diablo, no llegabas ni al café de la mañana.

La prima te había informado de una oportunidad laborar donde podía cambiarte el destino.

–Tren con destino Valdeacederas- se escuchó al fondo, mientras devorabas el último bocado, los nervios te delataban.

–Solo son ganas de fastidiarme la vida- pensaste en voz alta.

Hoy te vi en las noticias que emiten a las 3 de la tarde. Te confieso que nunca vi esa cara con tanta plenitud de felicidad.

10. LA OFICINA
(Relato)

Es Nueva York, nadie duerme, pero a diario Antonio despierta temprano, y realiza su rutina cotidiana: lavado de dientes, una ducha, saludar al váter. Después en la cocina prepara un buen café Santo Domingo que hace 3 meses le trajo su madre desde República Dominicana.

Justo a las once de la mañana agarra su chaqueta roja, la bufanda negra, los guantes para su encuentro diario con amigos. Su esquina favorita entre la calle princesa y la calle Juan Tenorio. Al lado de la tienda de zapatos y el comercio de uñas que tienen unos chinos, seis en total que cada tarde comentan los acontecimientos del barrio: Si la mujer de Juan le pegó los cuernos con Ernesto; que anoche vieron a Julián pasando par de kilos; que la policía entró al Bar de Pepe y revisó a todo "el vivo"; que si deportaron a cuatro paisanos justo ayer; por fin le aprobaron la ayuda para la familia de Juan, así sucesivamente.

La oficina así le llaman, un nombre que se inventó uno de sus más antiguos miembros – aquí todo lo que se hace es como una oficina- quedó sellado.

Cierto día, ocho de los diez miembros estaban sin trabajo, ni paro, ni ayuda ni nada. Solo lo necesario para ir al supermercado y comprar lo básico. Pusieron en plan crear una comisión de parados para ir casa por casa a ofrecer sus servicios: peluquería, plomería, electricista, sacar al perro, se sorprendieron de la cantidad de oficios que habían en un espacio cerrado.

Vamos primero a echar una partida de dominó, después nos ponemos mano a la obra. Terminaron su jornada entre latas de cervezas y patatas fritas hasta la media noche.

Norberto Azor

Otro día más en la vida de la oficina.

10. ELLA Y LA ABUELA

Basado en hechos reales
(Relato)

Ella vive agobiada, con 30 años y una licenciatura en enfermería obtenida en la Universidad a Distancia a base de horas sin dormir, trabajos a veces no remunerados, trabajaba la tierra como todo hombre, machete en mano y rumbo al campo, *"un esfuerzo sobrehumano"* así resume su vida.

Nacida en un pueblo del sur de República Dominicana de tan solo 500 habitantes donde todos eran familias lejanas y cercanas. Al lado de Vicente Noble.

Ella tenía claro sus objetivos en la vida; uno de ellos era viajar a España, una cantidad de sus paisanos ya habían salido del lugar.

Decían las malas lenguas que había una señora que hacía actas de nacimientos fraudulentas convirtiendo los primos en padres e hijos y los amigos en hermanos; y otras cosas extrañas con documentos.

Ella ni primo, ni cuñado ni amigo ni nada, no tenía a nadie. A los 6 años sus padres murieron en un accidente de tránsito. Pasaba de una casa de acogida a otra, hasta que encontró una familia de esas que la humildad es su arma de protección. Además era un matrimonio que deseaba tener una hija. Los astros se alinearon y se hizo realidad. Duró viviendo con ellos más doce años.

Con sus dos hijos a cuestas, Sol y Luna. Ni quiere recordar la masacre de vida que a los 20 sufrió con ese "mal nacido" nombre que recuerda al progenitor de sus criaturas.

Preparaba yaniqueques en la noche para mandar a sus hijos a venderlo en la escuela cerca de su vivienda por un precio módico de cinco pesos.

-Quiero que se eduquen en otro sitio, que vayan a la universidad, que sean hombres y mujeres de bien, y no sufran lo que sufrí yo- hacía un monólogo con estas frases cada vez que llevaba a los niños a la cama- Esto la hacía sentir fuerte, podría pelearse y acabar con un ejército ella sola, en caso de ir a la guerra. Eso sí, ganaría, y los destrozaría a todos.

Su mayor guerra personal eran las recapitulaciones diarias en su mente acerca de la alimentación de sus hijos, en especial, cuando tenían que ir a la escuela. El alquiler lo resolvía fácil, podía acostarse con el arrendador, un señor de 70 años. A veces, en ciertos meses se hacían costumbre esas noches de sexo. No le importaba arriesgar, decía que ya estaba muerta de tanto dolor, lo que quería era ver el sol cada mañana.

-Señores pasajeros, por favor colóquense el cinturón que va a despegar el avión con destino a España- se escuchó esa voz relajada y tenue de la jefa de azafatas en el vuelo UX-088.

Una odisea para conseguir ese sello. Los trámites complicados. Un banco, luego otro. Visitó más de veinte en una semana; hasta que un 21 de enero a las 12:00 del mediodía recibió una llamada -Sra. Consuelo pase por la sucursal a retirar el préstamo- era un regalo de Dios, era devota de la Virgen de la Altagracia y sabía que no la iba abandonar. Un año antes había ido a Higüey, donde se venera la Virgen de la Altagracia, Patrona de los Dominicanos, a hacer una promesa: ir de rodillas desde la entrada de la iglesia hasta el santísimo reluciente, adornado con varias velas verdes. Sus vecinos comenzaron a decir que estaba loca, a ella le daba igual. Era feliz. Tenía su deseo hecho realidad.

-Abróchense los cinturones, el avión entra en fase de aterrizaje en el aeropuerto de Madrid – se escucha la misma voz. Levantó sus manos al cielo agradeciendo que llegara sana y salva.

Como una experta en temas de migración, saca sus documentos y se los entrega a la policía para su verificación. Con su pelo crespo, negro azabache con mechas rubias, su 1,80m de estatura y labios carnosos. El día anterior pasó más de cinco horas en el salón de belleza de su mejor amiga para hacerse: uñas, peinado, tinte y hasta las ingles.

Desde lejos visualizó esa niña que jugaba al escondite al caer la tarde en el valle que está junto a la playa. Sí, ahí estaba a la que no veía desde hace 15 años, a su confidente, a su "hermana del alma", a su querida y apreciada prima. La que una u otra detrás de todo este sueño.

Alba era la responsable de ese visado. Se movió como un lince para enviarte el dinero al banco, hacer los contactos para el préstamo, pagó cinco mil pesos por la adquisición del visado, sellos, impuestos, etc.

- *¿Qué guapa estás prima?* Muchas gracias, Alba- decía ella un poco tensa por las pequeñas turbulencias que sufrió en el vuelo, les había pillado una tormenta en mitad del transcurso. - *¿Cómo está la familia?*- La prima pregunta con una tristeza y una preocupación del tiempo que no ve a sus seres queridos. No puede viajar a su tierra natal. Carece de los papeles necesarios para viajar. La prima no quería que supieran que todo este tiempo estaba indocumentada por problemas relacionados a tráfico de drogas. Un expediente creado por resolver un problema a la familia en un momento esperado. -Los dejé bien, gracias a Dios y a la Virgen de la Altagracia, espero traerlos pronto- ella respondía con una certeza y convencida que se hará una realidad. -Rápido, te está esperando tu nuevo jefe, en la estación de tren, coge las maletas-.

España se abría a su mundo, le facilitaba cosas, veía una nueva oportunidad en su vida, en su historia. Olía otras rosas, que no eran las amapolas sembradas en su patio. Se prometió visitar todos sus monumentos, ferias museos, dispuesta a integrarse, dispuesta a conseguir el sueño europeo. -Hola, este es Don Esteban, espero que se lleven bien, Don Esteban, ella es mi prima- Una entrada afectuosa para romper el hielo entre ellos.

Don Esteban era un hombre no mayor de sesenta años, tenía varios negocios prósperos, casado recientemente con una modelo de

Victoria Secret, cuatro hijos, dos perros, dos mansiones y una casa de playa en Marbella. Vestía un traje gris ajustado a juego con su sombrero negro.

Ella montó en el coche rumbo a su nuevo destino. Frente a la puerta principal de la residencia se había quedado perpleja, nunca había visto una mansión de esa naturaleza, en la entrada había dos pinos frondosos como si estuviera en un cuento de hadas.

-Éstas serán tus obligaciones- comenzó hablar de una forma directa y clara Don Esteban.– Te levantarás a las 7:30 de la mañana e inmediatamente pondrás el desayuno, luego limpiarás la casa. A las 12 vas al supermercado, la comida tiene que estar servida en la mesa a las 15:00, cenamos a las 21:00, y a partir de las 22:30 descansarás-.

-Pero, pero, no fue eso que me dijeron- habló en voz baja. Salía fuego de su cara en sentido figurado. Se sentía traicionada por su prima. – Alba no te quiso decir la verdad, esto es lo que hay, lo coges o lo dejas, te largas a tu país o te vas con tu prima-. Malhumorado le gritó Don Esteban. Boquiabierta, salió corriendo, entró al primer cuarto que encontró cerca de la cocina, al lado del lavadero.

-Abre la puerta, rápido- cabreado le dice Don Esteban. - Un momento por favor- ella contesta. Abre la puerta, muy tranquila, analizó su vida en segundos para tomar una decisión que la marcaría.

-Don Esteban me quedo, gracias por la confianza en mí y darme el trabajo, en segundos estaré haciendo la comida-, dijo de una manera relajada. -Toda la familia te espera, mi madre, mi mujer, mis hijos, bienvenida a España-.

Tranquilamente se trasladó al salón donde estaban todos los comensales.

Ella observó al fondo, se encontraba aquella mirada que la amedrentaba, que la seducía, perdida, sonriente, con 80 años, pelo como la nieve. Aquella desintegrada familiar, solo salió con esfuerzo a ver a esa chica, ya que desde 20 años, es la segunda vez que sale; la primera para firmar unos cheques. Le detectaron una enfermedad en la columna vertebral, -andarás en silla de ruedas- fueron las palabras del médico, que la había sentenciado durante mucho tiempo.

Ella se acercó – hola, ¿cómo estás?- con esa actitud tranquila. La abuela sonreía. -Hola, mi hija- sólo respondió. -Venga a preparar la comida, que tenemos mucha hambre- gritó Don Esteban desde la esquina del salón, junto al león que había cazado cuando estaba en guinea ecuatorial el año pasado.

Rápidamente, se marchó a la cocina, quería esmerar y halagar a la familia que gracias a la abuela comenzó a tomarle cariño. Ella tenía en mente esa mirada que la transportaba a momentos vividos de felicidad en familia: una mirada tierna, diferente, triste, siniestra, con duda... Preparó los alimentos, la mesa, los cubiertos... Todo quedó espléndido. -Eres un ángel de la cocina- le dice la abuela antes de ir a la cama a dormir.

Al día siguiente, se levantó temprano, caminó hacia el jardín, cortó las rosas rojas que estaban en el centro, al lado del roble verdoso, cerca de las gardenias. Se las llevó, las puso en un jarrón y las llevó en el centro del salón. Deseaba que los familiares entendieran su mensaje, estaba dispuesta a todo.

Desayunaron primero los niños, luego vinieron los que trabajaban, por último apareció la abuela. Otra vez, frente a frente. Mientras desayunaban, se contaron toda su historia, mentiras, realidades, verdades, leyendas, en fin no quedó nada. Ella buscaba una compañía y la abuela quería sentirse útil, amada, comprendida... Recogió los platos, llevó la abuela al baño a cepillarle los dientes, le hizo la manicura y pedicura le dio forma a los cabellos, estilo Marilin de color marrón con mechas rubias, la maquilló y le preparó una manzanilla para bajar su tensión. La puso hermosa.

Ella hacía que la abuela se sintiera más rejuvenecida. -Cuando terminemos el té nos vamos de shopping, tenemos una hora para recorrer las que están en la calle colón". Cualquier idea que decía para la abuela era una oportunidad de vida.

Un domingo a las tres de la tarde vino toda la familia de Don Esteban a degustar su comida especial "estilo dominicano": arroz blanco, habichuelas rojas, pollo guisado, aguacate y fritos verdes. Y de bebida un buen jugo de lechosa de postre unas habichuelas con dulce.

Después de dos horas de alegría y celebración, la abuela le da un Infarto. Nadie se inmuta, excepto ella; los presentes siguen con su almuerzo. Sonaron algunos platos en el suelo, corriendo se abalanzó por el móvil situado en la mesa, llamó al 112. – Si es mi madre, acaba de tener un accidente, por favor vengan rápido. Con los ojos aguados ella, insistía e insistía. Todos se miraban unos con otros.– *¿Cómo se atreve?* ¿Quién se cree? A ella le daba igual, solo por salvar a su ángel estaba dispuesta a todo.

Dña. Celeste Botín, propietaria de las tiendas "Bo", de ropas exclusivas en varias ciudades de España,

Estados Unidos y China, las cotizaciones en bolsa suben cada día. Su fortuna se desarrolló gracias a su entereza y su esfuerzo. Emulaba las estrategias de negocios de grandes triunfadores del mercado internacional. Terminó sus estudios en la Universidad Politécnica de Madrid. Se casó con Miguel Botín, principal accionista de "Banco TH". Viajaba de país en país, de ciudad en ciudad, realizando las mejores compras de zapatos, lencerías, joyas. Eran sus momentos de gloria.

-Disculpen Don Esteban les espera en la biblioteca para una reunión de urgencia-. Ella informó con su cara entristecida a los familiares, mientras la abuela se quedaba en la cama bajo los efectos de los medicamentos, entraba en otra dimensión.

- Estas cosas no se puede seguir tolerando en esta casa, esa muchacha hay que ponerle freno-. Es muy imprudente, lleva poco tiempo y ya quiere tener atribuciones en esta casa-.

Ella en silencio, escuchaba todos esos improperios detrás de la puerta, le dijeron todas las palabras desagradables existentes y por existir.

Durante tres meses la abuela permanecía en cama.

Ella la acompañaba, la cuidaba, la protegía y toda lo guardaba desde su silencio.

Ella y la abuela en la habitación de 30 metros, sin palabras, se escuchaba el cántico de los gorriones y los pasos de las hormigas hacia su escondite.

Ambas se complementaban ella buscando su sueño y la abuela quería sonreír.

Al día siguiente, falleció la abuela.

Por casualidad nos encontramos en la fiesta de la dominicanidad en Madrid la semana pasada, junto a sus dos hijos.

Biografía

NORBERTO ELISEO AZOR KING

- Nace en Samaná, República Dominicana.
- *Gestor Cultural, Escritor, Poeta, Educador, Emprendedor, Comunicador, Productor de Eventos Culturales y del programa de Radio Caliente Musical en favor de la música y Optimista de la vida.*
- Estudió en la Universidad Autónoma de Santo Domingo donde se licenció en Educación Mención Filosofía y Letras, con honores Cum Laude.
- Llega en el 2006 a España a realizar un Máster de Formación de Profesores de Español en la Universidad Alcalá de Henares. Ha realizado estudios de Formación para Adultos en la Comunidad de Madrid y estudios de lingüística en la Universidad de Nebrija.
- Propietario de la Agencia de Viajes NAZOR Travel.

<u>LIBROS PUBLICADOS</u>

- ➢ **El *poemario "Ser lo que soy"*,** Editora Cultivalibros
- ➢ ***El Poemario Acariciando mi Interior*,** Editora Liber Factory.
- ➢ ***Antología de Cuentos de Escritores Dominicanos por la Editora Santuario.***
- ➢ ***Antología de Escritores Dominicanos en España*,** Ediciones Acudebi.
- ➢ ***Poemario Versos Actualizados, Ediciones Solenodonte Cultural.***
- ➢ ***Poemario Vislumbrar la Poesía desde el Caribe hacia Madrid, Editorial Viva.***
- ➢ ***Desayunando Voces de Vida-Primavera – Superación.***
- ➢ ***Desayunando Voces de vida – Verano – Sube al tren de la felicidad.***

Norberto Azor

www.ingramcontent.com/pod-product-compliance
Lightning Source LLC
Chambersburg PA
CBHW021956170726
47994CB00021B/790